Vreni und Bruno Dörig

Stille Wintertage

wünsch ich dir

Eschbach

Vorrat anlegen

Ich habe die Geschichte von Frederick sehr gern. Während sich seine Mitmäuse mit dem Einbringen von Vorräten abplagen, liegt er in der Sonne, genießt die Farben und bestaunt den blauen Himmel. Als er zurechtgewiesen wird, antwortet er nur: „Ich arbeite auch, ich sammle Sonnenstrahlen für die kalten, dunklen Wintertage." So bringt er Licht, Farbe und Wärme in sein Inneres als Vorrat für den Winter. Und es erweist sich, dass alles für das Überleben der Mäusefamilie nötig ist, Körner und Weizen und Farben und Wärme.

Seitdem wir in den Voralpen wohnen, haben wir ganz neu Spaß und Freude am Vorratanlegen bekommen. Auf Sommerwanderungen, beim Kräutersammeln und Beerenpflücken denken wir gern an den Winter. Und seitdem wir einen Garten haben, versuchen wir vermehrt, vom Überfluss des Sommers einen Teil in die kalte Jahreszeit hinüberzuretten, indem wir dörren und trocknen, heiß einfüllen und tiefkühlen. Der Winter ist so etwas wie ein geheimer Verbündeter geworden. Mit der wohligen Genugtuung, alles unter Dach und Fach gebracht, die Ernte eingeholt und die Regale in Küche und Keller gefüllt zu haben, lässt sich der Winter mit dem Schnee willkommen heißen, fast wie damals als Kind.

Vielleicht kann den Winter besser ertragen, auskosten und genießen, wer es gelernt hat, im Sommer und Herbst Vorräte anzulegen. Nicht nur solche zum Essen…

Und vielleicht, während wir von den Schätzen des Sommers zehren, können wir jetzt im Winter einen neuen Vorrat an Stille und Einkehr, an Muße und Beschaulichkeit anlegen. Das hilft uns, mitten in den überbordenden Aktivitäten der übrigen Jahreszeit den langen Atem zu bewahren. – Es geht auch hier um das rechte Verhältnis. Wir brauchen beides: die Zeit des Vorrätesammelns und die Zeit des Ausgebens und Verschwendens.

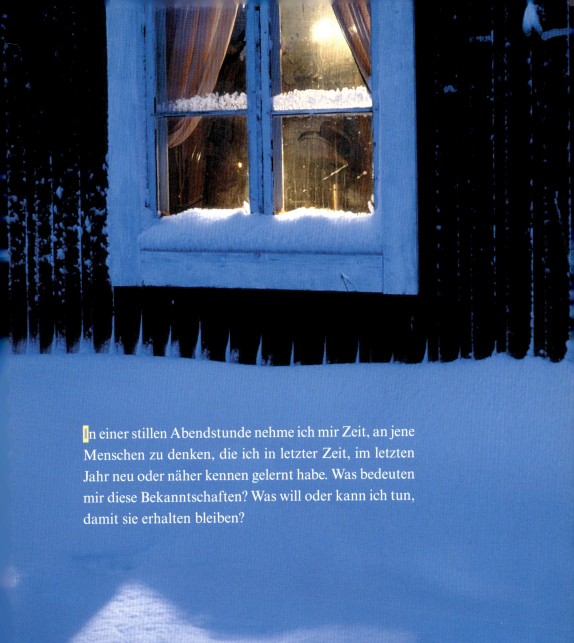

In einer stillen Abendstunde nehme ich mir Zeit, an jene Menschen zu denken, die ich in letzter Zeit, im letzten Jahr neu oder näher kennen gelernt habe. Was bedeuten mir diese Bekanntschaften? Was will oder kann ich tun, damit sie erhalten bleiben?

Innehalten

Eine neue Sensibilität für das Winterliche in allem Lebendigen gewinnen, heißt eine neue Einstellung zur Zeit finden. Ich bin überzeugt, dass wir viel zu wenig langsam sind, sagt Robert Walser. Und steht damit quer zum Trend unserer Zeit, in der es nie schnell genug gehen kann. Wir kennen den Begriff von der nützlichen Frist. Wissen wir immer so genau, was wirklich nützlich ist? Vielleicht sollten wir uns und anderen für viele Aufgaben mehr Zeit zur Verfügung stellen. Zugegeben, man kann auch zuviel Zeit zur Verfügung haben. Ob uns das Gespür für die richtigen Zeiten des Wachsens und Reifens fehlt?
Die Kreativitätsforschung weiß, dass es für vieles eine Zeit der Ideenfindung (eine Inkubationszeit) braucht, und erst dann können gute Lösungsvorschläge kommen. Warum sollte das für den zwischenmenschlichen Bereich nicht auch gelten? Ich denke, dass hier ein fruchtbares Nachdenken über unser Verhältnis zur Jugend ansetzen könnte. Oder haben wir wirklich genug Gespür und Geduld für das Winterliche, für das Brachliegende in unserer Jugend?

Alles hat seine Zeit, streiten und Frieden finden, Distanz und Nähe spüren, kämpfen und zärtlich sein, aufgeben und durchhalten.
Wer ein Gespür für das Winterliche in und zwischen Menschen hat, kann eher gewähren lassen. Dass man in einer bestimmten Angelegenheit nichts unternimmt, kann ein bewusster und verantworteter Entscheid sein.

Ich entdecke die Langsamkeit. Auf Spaziergängen bleibe ich öfters stehen und bewege mich im Zeitlupentempo, übungshalber.
Für ein paar Minuten leiste ich mir mitten im Arbeitstag den Luxus, den Schneeflocken zuzuschauen, wenn sie vom Himmel tanzen.

Der Kälte standhalten

Als Kind graute mir vor dem Winter. Mich fror schon beim bloßen Gedanken an diese Jahreszeit. Wie ungeschützt und ausgesetzt kam ich mir vor, wenn mich die Eltern auf den Familienspaziergang mitschleppten! Schaudernd sah ich meinen Brüdern zu, die voll Übermut junge Bäumchen schüttelten und sich einen Spaß daraus machten, sich vom herunter gleitenden Schnee weiß überpudern zu lassen. Ich vermied es ängstlich, den kalten Schnee zu berühren. Meine Finger wurden ohnehin steif und klamm vor Kälte, trotz wollener Handschuhe. Die Zehen spürte ich schon gar nicht mehr. Am liebsten hätte ich sie eingezogen, wie Katzen ihre Krallen unter das schützende Fell ziehen können. Nur tüchtig bewegen, das hält warm, hieß es dann. Aber wie konnte ich mich denn in diesem feindlichen Element bewegen! Kälte zieht zusammen. Kälte macht eng. Das Blut zirkuliert auf einer enger umschriebenen Bahn. Die Blutgefäße der Körperoberfläche schließen sich, um einem inneren Wärmeverlust vorzubeugen.

Meine Eltern hatten schon recht: tüchtig bewegen hält warm. Es ist ja ganz logisch; durch Bewegung entsteht Muskelwärme, welche im unverkrampften Körper vom Blutstrom bis in die äußersten Fingerspitzen getragen wird. Welch herrliches Gefühl dann, diesen Lebensstrom im Körper zu spüren und aus dieser Kraft der Kälte zu trotzen! Es ist dann nicht mehr ein passives Über-sich-ergehen-Lassen, sondern ich vermag mich aktiv dem Winter entgegenzustellen.

Ich schlafe in dieser Zeit ausgiebiger, gehe bewusst früher zu Bett als in den übrigen Jahreszeiten. Ich versuche, mich einzufügen in den Rhythmus der langen Nächte und der kurzen Tage. – Wenn draußen Schnee liegt, renne ich vor dem Schlafengehen barfuss durch den Schnee und genieße dann im Bett das körperliche Wohlgefühl, das sich daraus ergibt.

Brachzeit

Die Brache ist (nach Wahrigs „Wörterbuch der deutschen Sprache") gepflügtes, unbebautes Land. Die Brache ist auch die Zeit, während der ein Acker unbebaut bleibt, damit sich der Boden erholen kann. Aus der Schulzeit wissen wir, dass die Dreifelderwirtschaft der Germanen immer für ein ganzes Jahr ein Drittel der Ackerfläche unbebaut ließ. Eine kluge Einrichtung, die mir bis heute wie eine Mahnung für so manches im Leben vorkommt, was mit Ausbeutung im weitesten Sinn zu tun hat.

Auch ohne Dreifelderwirtschaft müssten wir durch die jährliche Wiederkehr des Winters den Sinn für Brachzeiten ausgebildet haben. Wir erleben die Natur in der Phase des Ruhens. In der Erde ruhen Samen, Knollen und Zwiebeln. Einige Tiere halten in Höhlen und Nestern ihren Winterschlaf. Pflanzen, Sträucher und Bäume stehen entlaubt da, ohne sichtbare Zeichen ihres Lebens. Sie existieren gleichsam nach innen gekehrt, sammeln Kräfte, um sich erneut zu veräußern.

Ist es nicht so, dass wir heute in manchen Belangen den Sinn fürs Ruhen lassen und Kräftesammeln verloren haben? Wir erwarten immer gleich Erfolg. Was nicht sofort und sichtbar ein Resultat zeitigt, wird beiseite geschoben. In einer Zeit, in der scheinbar alles machbar ist, wenn man nur die richtigen Leute organisieren lässt, hat es der Sinn für Brachzeiten schwer. Was brach liegt, muss aktiviert werden, meinen wir. Das ist ein Irrtum. Wer von innen heraus eine Aufmerksamkeit hat für das, was in einer Frage, in einer Beziehung, in einem Geschäft brach liegt und vielleicht brach liegen muss, der kann auch zur rechten Zeit in der scheinbaren Passivität einen Sinn sehen. Er wird dann schon wieder spüren, wann die Zeit reif ist fürs Tätigwerden.

Hin und wieder setze ich mich zur Zeit der Abenddämmerung ans Fenster und warte, bis es, durch viele Hell-dunkel-Stufen hindurch, ganz dunkel wird. Erst dann betätige ich den Lichtschalter. Warten, bis es dunkel wird, ohne Nebenbeschäftigungen: eine unspektakuläre Form der Meditation. Und eine Wohltat für die Seele.

Inneres Wachstum

Der Winter kann eine notwendige Zeit der Nachbereitung werden. Erlebnissen aus der Hoch-Zeit des Sommers können wir im Winter nachspüren. Wir gewinnen Distanz und spüren vielleicht, dass sich so manche Dinge anders gewichten. Was mitten in der sommerlichen Betriebsamkeit so unerlässlich erschien, verliert an Bedeutung, wenn Schnee darauf fällt und umgekehrt. Gut, wenn auf diese Weise viele Ereignisse und Erfahrungen ihren Platz in der Lebensgeschichte finden. Der Winter ist auch die Zeit der Vorbereitung. Wir können Kräfte sammeln, Pläne schmieden, mit größerer Sorgfalt Beziehungen und Aufgaben überdenken und der Phantasie Raum geben, damit sie bereitet ist zum Aufbrechen wie das Grün aus den Knospen.

Wie viele Winter hast du auf dem Rücken? So fragt man in nördlichen Ländern, wenn man wissen will, wie alt jemand ist. Dahinter steckt eine Lebensweisheit: Entscheidend für reifes Menschsein ist nicht das Laute und Äußerliche, sondern das, was einer an Erfahrung nach innen kehren und in seine Persönlichkeit integrieren kann. Entscheidend ist nicht das äußerlich wahrnehmbare Resultat, die messbare Ernte, sondern die Kraft, die aus innerem Wachstum kommt; die Jahresringe, die sich innen anlegen; die Einstellung zum Leben, getragen von Dankbarkeit, Zuversicht und Geduld mit sich selbst.

Ich pflege meinen „Winterkinder-Garten": Ideen, Gedanken, Pläne, die wachsen und groß werden möchten. Ich besuche diesen Ideengarten regelmäßig, mache mir Notizen, stelle Veränderungen fest. Einiges stirbt ab, wird Gedankenhumus… Der nächste Frühling kommt bestimmt.